***L**es **E**ditions du **R**icochet*
Exclusivité de l'édition française
pour le monde, sauf Canada
et Maroc.
1 rue Spitaliéri 06000 Nice
http://ricochet.over-blog.net

Editions Ecole Active
Exclusivité au Canada
1567, rue King Ouest,
Sherbrooke
(Québec) J1J2C6
http://www.biblairie.qc.ca

Yanbow Al Kitab
Exclusivité au Maroc
Rue Essanaani
Casablanca, Maroc
yanbow06@yahoo.fr

Ohé la Science !
Environnement

Adresses Sous-marines

L'écosystème marin

Dimanche brumeux : visite forcée à l'aquarium…
Mon petit frère est fasciné.
Je bâille à m'en décrocher la mâchoire.

Pfff… Elle va où, cette tortue ?

Mais, mais... me voilà en pleine mer,
aspirée dans son sillage.

Pouah, comme c'est salé !

Où ai-je la tête ? Il y a des tonnes et des tonnes
de sel dissout dans les océans.
Il paraît qu'il pourrait couvrir
les trois quarts de la Terre
d'une couche de 75 mètres d'épaisseur.

La Terre... La Terre ?
On devrait l'appeler la Mer, notre planète !
Plus de la moitié du globe est couverte par les océans :
l'Atlantique, le Pacifique, l'océan Indien,
l'océan Antarctique, sans oublier
la mer Méditerranée, la Manche et la mer Morte.
Toute cette eau emmagasine la chaleur du soleil pendant le jour,
tandis que la nuit, les océans réchauffent l'air.

Une grande quantité d'eau de mer s'évapore dans le ciel où elle devient nuages. Quand, poussés par le vent, ils rencontrent un relief terrestre, il pleut.
Alors, de ruisseaux en rivières, et de rivières en fleuves, l'eau revient à l'océan.

Sous l'eau, on perçoit encore la lumière du soleil mais faiblement, et l'on n'entend presque plus rien.

Nous ne pouvons pas respirer sous l'eau. Pour y être à l'aise comme des poissons, il nous faut : des lunettes, une combinaison de plongée, des palmes, une bouteille d'oxygène dans le dos et un maillot de bain !

On pense que la vie a commencé dans l'eau. Les plus anciens vertébrés sont des poissons et le premier animal à quatre pattes est né dans l'océan. Ses descendants se sont peu à peu adaptés à la vie terrestre et sont à l'origine des reptiles, des oiseaux et des mammifères. Cette évolution s'est faite très lentement, dans un temps que l'on compte en millions d'années.

Beaucoup de poissons vivent en bancs : les anchois, les sardines, les maquereaux, les harengs…
C'est pour se protéger des plus gros poissons et des oiseaux. S'ils sont attaqués, ils bougent tous ensemble, ce qui désoriente leurs prédateurs.

Ha, mais voilà ma tortue qui disparaît…
Vite, il faut la retrouver !
J'espère qu'elle n'a pas plongé trop profond.

Le soleil pénètre jusqu'à environ 200 mètres sous l'eau. Dans cette zone éclairée, il pousse des herbes sous-marines et des algues vertes. La plupart des créatures marines que nous connaissons vivent dans ces profondeurs.

Le grand dauphin porte bien son nom :
il peut mesurer jusqu'à 3 mètres de long.
Il mange des calmars ou des poissons.

Le cabillaud est un poisson gris pâle d'environ 75 cm.
Il mange des maquereaux, des harengs
et des sardines.

Le hareng est plus petit : 35 cm.
Il mange du plancton.

Le requin blanc
est le plus féroce
et le plus connu des requins.
Il s'attaque aux dauphins, mais aussi
aux baleines ou aux otaries.

Le plancton est composé
d'une multitude de petits
organismes vivants,
animaux et végétaux.

Aïe ! Un cabillaud vient d'attraper un maquereau.
C'est la vie ! Les gros poissons se nourrissent de petits poissons
qui mangent des poissons encore plus petits,
qui, eux, se régalent avec le plancton.

Voyons si ma tortue s'est aventurée
dans un récif corallien...
Pour la retrouver parmi tous ces habitants
cela ne va pas être évident...
Ce n'est pas le corail rouge qui forme le gros du récif
mais des animaux voisins : les madréporaires.

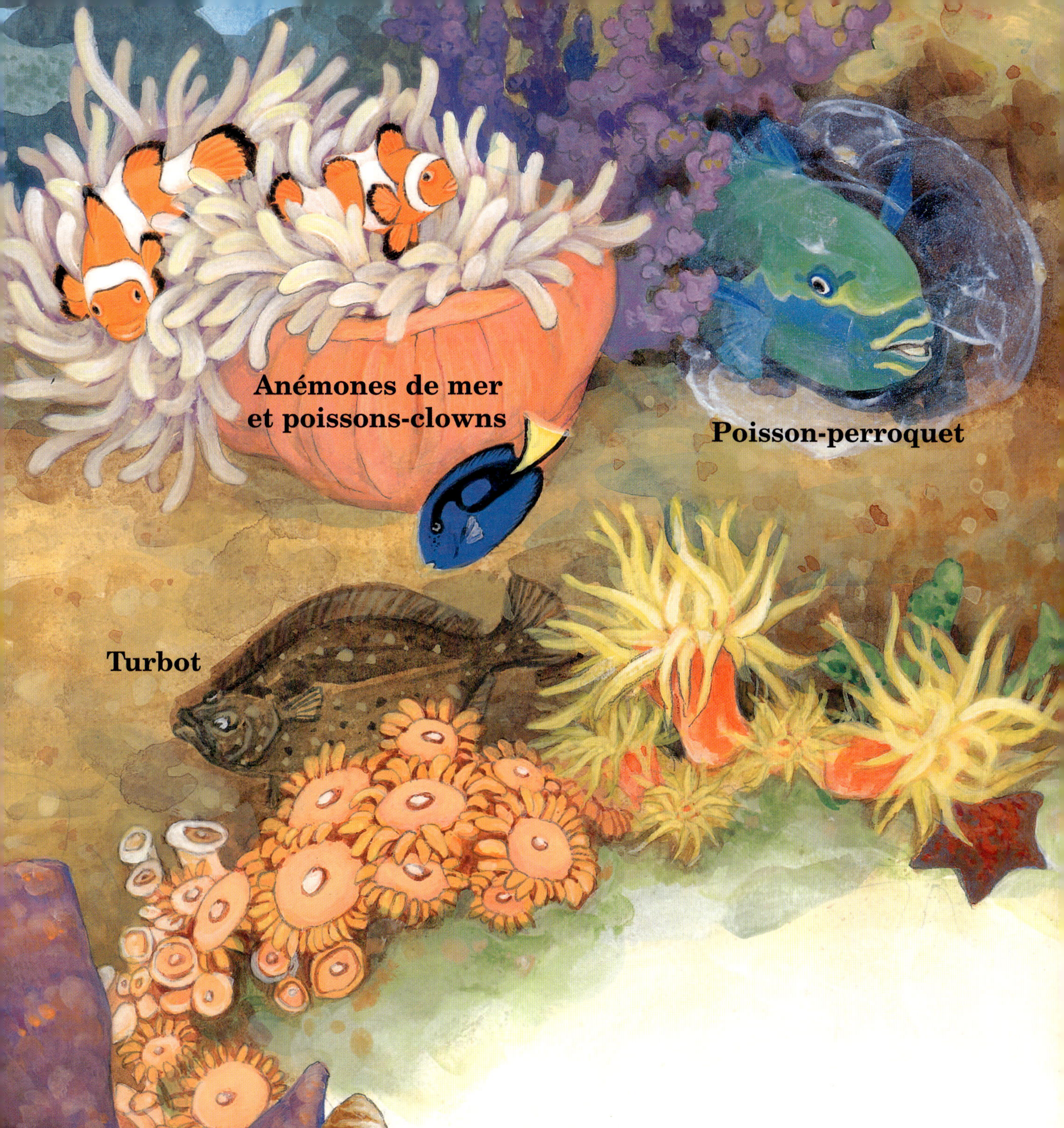

Le corail, c'est très mystérieux. On dirait de la pierre, mais c'est vivant. À sa surface, on peut voir des rangées de petits palmiers translucides ou colorés. Mais ce ne sont pas des plantes !
Ce sont des animaux regroupés en colonies qui se fabriquent un socle commun.

Le calmar translucide et légèrement lumineux.

Je dois me décider à plonger plus bas.
Le monde du silence devient très sombre. Les animaux qui vivent là doivent avoir de bons yeux.

Les yeux des poissons des grands fonds sont très sensibles. La lumière du soleil les aveuglerait. Quand la nourriture se fait trop rare, certains vont pêcher en surface, cela doit se faire de nuit.

Le winteria aux yeux presque plus gros que le ventre.

Le poisson-lanterne
aux reflets métalliques.

Plus profond,
encore plus profond...
Le monde du silence
devient le monde de l'étrange.
Il y fait nuit et froid.
Plus rien ne sert d'avoir
de grands yeux.
En revanche, avec d'énormes
gueules aux dents pointues,
les poissons ont plus de chance
de ne pas rater
leurs trop rares proies.

La chimère, avec ses mâchoires bien garnies, peut mâcher des animaux à carapace comme les crevettes

La pieuvre a deux belles nageoires sur la tête, on dirait les oreilles de Dumbo !

La lotte attire
ses proies avec
son organe
lanterne.

Le plateau continental
est en pente douce.
Sa profondeur
excède rarement 200 mètres.

Le talus continental,
plus pentu, descend
vers les eaux profondes.

J'ai tout exploré et je n'ai pas toujours pas retrouvé ma tortue !

La plaine océanique, aussi vaste qu'un désert sans fin, court jusqu'à 4 à 5 000 mètres de profondeur. On y observe des fosses océaniques très profondes, et des reliefs qui portent le nom de dorsales.

Bon, je rentre.

Sauve qui peut ! Une méduse !
Son corps est garni de cellules qui sécrètent du poison.
Qui s'y frotte est en danger de mort. Le poisson-serpent
et le poisson-pierre
aussi sont venimeux.

Poisson-pierre

Ça y est ! Revoilà le ciel et les oiseaux !
Et là-bas... ma tortue !
Il est temps pour elle de regagner l'endroit où elle est née.
C'est là qu'elle se reproduira.

Beaucoup d'animaux migrent au travers des océans : les tortues, mais aussi les saumons, la baleine à bosse, les anguilles… Ils sont très sensibles aux mouvements des courants et à la température de l'eau, cela leur permet de reconnaître leur chemin.

La mer est un trésor !
Depuis des milliers d'années,
la pêche nous nourrit.

Nous avons même appris à élever des crustacés et des poissons. Les océans ont d'autres richesses : on en extrait du pétrole, du gaz naturel et des métaux. Nous savons aussi fabriquer des turbines qui transforment l'énergie des vagues en électricité. Et maintenant, je rêve de grands moulins flottant sur l'océan...

Eh bien, il était temps que tu te réveilles !
Regarde cette belle tortue verte,
on dirait qu'elle vient vers toi.

Adresses sous-marines

Il y a bien, bien longtemps, la Terre était un gros cailloux brûlant, entourée d'une atmosphère turbulente et saturée en vapeur d'eau. Quant elle s'est refroidie, la vapeur d'eau atmosphérique s'est condensée et il a plu pendant des millénaires. D'immenses cuvettes, pleines d'eau, se sont formées à la surface de la planète : les océans. Aujourd'hui, ils représentent environ 71% de la surface du globe. Ils détiennent 98% de son volume d'eau.

Les océans se réchauffent et refroidissent plus lentement que l'air. En été, ils absorbent la chaleur de l'atmosphère et en hiver, ils diffusent une partie de leur chaleur dans l'atmosphère. Cela règle nos climats.

D'innombrables êtres vivants peuplent les océans. Il se peut que la vie terrestre ait commencé dans la fournaise d'un volcan ou sur une météorite mais il est très probable qu'elle soit née dans les océans. Une chose est certaine : les premiers vertébrés sont des poissons. Ils ont vu le jour il y a 470 millions d'années ; 100 millions d'années plus tard les premiers tétrapodes sont apparus. Il leur a fallu 20 millions d'années pour risquer leurs pattes hors de l'eau et s'assurer une descendance sous forme de divers reptiles, mammifères et oiseaux.

L'eau des océans est remuée par de puissants mouvements. Quand elles refroidissent, de grandes masses d'eau plongent vers les profondeurs ; pour compenser, d'autres masses d'eau remontent à la surface. C'est le phénomène des upwellings qui enrichissent les eaux de surface en sels minéraux favorables au développement du plancton végétal.
Dans l'eau, les écarts de température sont moindres que dans l'air. Ainsi, les animaux marins n'ont jamais besoin d'hiberner. Ils n'ont pas à se protéger de la chaleur du soleil, ni à se construire d'abri contre le vent ou la pluie. Les habitats marins sont cependant très divers : selon la profondeur, la distance à la côte ou la nature du sol.

La plupart des organismes marins que nous connaissons vivent dans les zones océaniques peu profondes, sur le plateau continental. Comme la lumière du soleil y pénètre, on y trouve un abondant plancton végétal, source de nourriture pour le plancton animal. Crustacés, poissons, coquillages... avalent ce plancton et sont eux-mêmes la proie d'espèces carnivores.
On découvre de plus en plus d'espèces capables de vivre sans la lumière du soleil, ce sont elles qui peuplent les grands fonds océaniques. Des chaînes alimentaires se forment à partir de la manne de déchets qui tombent de la surface ou à partir de micro-organismes capables de se développer sans photosynthèse.

Sur terre, les animaux comestibles les plus fins et les plus goûteux sont des herbivores. À contrario, les poissons comestibles les plus délicieux sont des carnivores.
Si nous voulons continuer à nous en régaler, il faudra mieux gérer la pêche... Trop d'espèces, comme le thon rouge, sont menacées de disparition.
Les sols océaniques renferment des réserves naturelles de gaz naturel et de pétrole de plus en plus difficiles d'accès. Mieux domestiquer l'énergie des vagues où implanter des éoliennes offshore sont de possibles solutions alternatives.

L'auteure, Soo-Min Jang, *diplômée en art créatif et littérature. Membre de l'association des auteurs de livres pour enfants "Boonhong Goreh" (Corée).*

L'illustratrice, Yoon-Hee Lee, *diplômée de l'université de Hongik (Corée).*

L'éditeur, Gil-won Kim, *professeur de sciences de la vie à l'université de Séoul.*

Adaptation française par Marguerite Tiberti, *titulaire d'un doctorat en biologie et d'une thèse de troisième cycle en océanographie. Éditrice*

Achevé d'imprimer en Corée en février 2009.
Dépôts légaux avril 2009.
France : Bibliothèque nationale.
Canada :
Bibliothèque et Archives nationales du Québec.
Bibliothèque et Archives du Canada.

ISBN 978-2-35263-0142

Ohé la science !

Une collection qui plante les graines de la connaissance scientifique.

A saisir dès 5-6 ans et à cultiver jusqu'à 8-9 ans.
La note documentaire est un complément qui pourra être utile aux adultes.

Environnement

Adresses sous-marines (L'écosystème marin)

Physique

Tomber d'en haut (La gravitation)

Univers

Le corps

Ma petite usine (Nos organes) Sept. 2009

Animaux

Le tigre mange-t-il de l'herbe ? (Une chaîne alimentaire)

Un look nature ! (L'adaptation)

Leurs chers petits (La reproduction) Sept. 2009

Plantes

L'aventure du pollen (La propagation des plantes)